# Portés sur la plume de l'aigle

## de George Couchie

L'adaptation en français du livre *Raised On an Eagle Feather* a été rendue possible grâce à la contribution financière du ministère de l'Éducation de l'Ontario. Il est à noter que le contenu n'engage que son auteur et ne traduit pas nécessairement le point de vue du ministère.

ISBN 978-1-329-88950-7

À mon épouse et mon amie Carolyn, à mes enfants Robbie, Sandi et Heather ainsi qu'à mes petites-filles Faith, Lilly et Gracie

# Lettre de mon épouse

En guise de cadeau à mon époux, je partage ces quelques mots avec le lecteur[1]. L'ouvrage que vous vous apprêtez à lire a été réalisé avec amour et constitue l'aboutissement des enseignements que George a reçus au cours de sa vie et des enseignements qu'il continue d'acquérir.

La première fois que cet homme a croisé mon regard, c'était dans un bar enfumé, il y a 33 ans. J'étais sortie avec des amies et il travaillait en tant qu'agent de police en civil. Nous n'avons pas fait connaissance ce soir-là, mais j'ai commencé à m'informer ici et là. Pour faire une histoire courte, nous nous sommes finalement rencontrés dans notre milieu de travail au poste de police.

Au fil des ans, j'ai vu George s'interroger sur sa jeunesse et se servir de sa bonté naturelle et de sa gentillesse pour aider les autres à surmonter leurs propres obstacles. J'ai aussi vu George faire appel à la sagesse des aînés tout au long de son propre cheminement. Il a été largement récompensé par des liens plus profonds avec ses frères et sœurs ainsi qu'avec son meilleur ami et mentor, Paul Trivett, qui lui manque beaucoup tous les jours.

[1]Dans le présent ouvrage, le masculin est utilisé pour alléger le texte.

Le rêve de George est que tous les jeunes Anishinabek grandissent dans des foyers remplis d'amour et qu'ils deviennent des chefs de file sains et productifs dans leur communauté. *Parcourir le chemin a* germé dans son cœur, puis l'a emmené à faire des visites dans une école de la région pour appuyer les élèves autochtones. Ces visites sont devenues chose courante et ont donné naissance à un programme qui est en demande dans les conseils scolaires partout en Ontario.

Les accolades reçues ces dernières années le comblent de modestie et chacune lui procure un immense sentiment de gratitude, soit une gratitude envers ses parents, ses douze frères et sœurs, nos trois enfants, nos trois petites-filles et le Créateur.

Dans mon propre travail auprès de victimes d'actes criminels, je me demande souvent si je suis en train de transmettre la bonté de mon partenaire de vie. Ma vie est une bénédiction, avec George à mes côtés.

Que vous soyez en quête de guérison dans votre vie ou que vous ayez tout simplement besoin de renseignements pour votre propre travail, je prie que cet ouvrage vous permette de gagner en sagesse et en empathie. J'espère que vous le consulterez souvent comme une ressource et un guide pouvant vous appuyer, peu importe où vous vous trouvez dans votre cheminement.

Carolyn Couchie

## Avant-propos

Les enseignements présentés dans ce livre sont des interprétations de mon apprentissage sur le chemin de ma vie. Certains des enseignements proviennent de la culture anishinabe et d'autres proviennent des cultures haudenosaunee et muskegowuk.

Lorsque je m'adresse aux jeunes autochtones à risque, je leur dis que les peuples autochtones sont connus à travers le monde entier. Nous avons été l'objet d'études et de recherches et nos terres sacrées ont été excavées. La plupart du temps, nous sommes réputés pour de mauvaises raisons. Nous sommes les premiers là où personne ne veut l'être et nous sommes derniers là où personne ne veut l'être.

Nous avons le plus haut taux de suicide parmi les groupes minoritaires au monde. Certaines de nos communautés ont le plus haut taux de suicide par habitant au monde. Nous avons certains des plus hauts taux de naissance d'enfants ayant des troubles du spectre de l'alcoolisation fœtale, de décrochage scolaire et de tuberculose et la liste ne s'arrête pas là.

Les peuples autochtones sont aussi porteurs de nombreux enseignements puissants transmis oralement à travers les siècles. Si j'écris ce livre, c'est pour partager avec vous certains des enseignements que j'ai reçus. Ces enseignements témoignent de la résilience remarquable des peuples autochtones et de la culture autochtone.

Ces enseignements renferment de nombreuses vérités universelles. Ils font partie de mon patrimoine culturel. Je suis fier de ces enseignements et de mon patrimoine culturel. J'espère qu'après avoir lu ce livre, vous connaîtrez, vous aussi, les peuples autochtones, à travers les enseignements et la sagesse dont ils sont porteurs.

## La spiritualité

La spiritualité autochtone n'a rien de magique ou de mystique. Il s'agit plutôt de la relation des peuples autochtones avec la terre.

Tecumseh, un grand chef indien, a affirmé un jour qu'on ne devrait jamais mettre en doute la religion d'autrui. Chacun a une histoire qui lui est propre. Un jour, j'ai entendu un comédien dire à la télé, que lorsque les Européens sont arrivés, ils ont rencontré les Autochtones. Les Autochtones avaient froid, ils étaient affamés et ils étaient nus.

Les Européens ont demandé aux Autochtones quelles étaient leurs croyances. Les Autochtones ont répondu qu'ils étaient liés à leur Grand-Père Soleil, leur Grand-Mère Lune et leur Mère Terre qui transporte les eaux précieuses à travers ses veines. Ils ont aussi parlé de l'ours, du loup et de l'aigle. Les Européens leur ont alors demandé de cesser de dire de telles folies et de bien écouter leurs histoires à eux.

Les Européens ont alors raconté une histoire au sujet d'un serpent qui a convaincu une femme de croquer une pomme, celle-ci ayant ensuite convaincu son époux d'en faire autant. Ils furent alors expulsés du jardin où ils vivaient. Ils ont aussi parlé d'un homme appelé Jonah qui est resté pris dans le ventre d'une baleine et d'un homme qui a construit un grand bateau pour naviguer autour du monde et rassembler deux animaux de chaque espèce. Les Européens ont aussi parlé de la façon dont ils brûlaient les sorcières. Le comédien a alors affirmé que ces histoires sont sûrement vraies, « car il serait impossible d'inventer de telles niaiseries».

Dans nos enseignements, tout possède un esprit ou de l'énergie. Lorsqu'on regarde dehors, on voit que tout possède de l'énergie : les arbres, les fleurs, l'herbe et même les pierres. Les gens émettent de l'énergie aussi. L'énergie émise devient l'énergie reçue. En d'autres mots, faites le bien et le bien vous sera rendu.

Un de mes amis, un prêtre catholique à la retraite, a décrit la différence entre la spiritualité et la religion. Selon lui, la religion est un ensemble de règles et de limites qui sont imposées sur l'esprit d'un individu. Ces règles et ces limites sont respectées par le groupe ou par la norme.

La spiritualité, c'est la façon dont on célèbre ou exprime son propre esprit; ce qui nous rend heureux. Quant à moi, c'est de passer du temps en famille, de faire une promenade dans la forêt et parfois, de me retrouver seul. On doit trouver ce qui nous rend heureux et le faire le plus souvent possible.

Ma bonne amie Tedi-Lynn Nolan a dit un jour : « Une des choses que j'aime bien, c'est de voir qu'il y a tellement de mots pour décrire le Créateur. Accepter sans réserve de croire en quelque chose de supérieur à soi-même; reconnaître et investir dans sa curiosité naturelle pour le grand chemin de la vie; explorer, pratiquer, définir et redéfinir SA PROPRE VÉRITÉ, avec tendresse et amour pour soi et autrui : voilà ce que la spiritualité signifie pour moi. »

Historiquement, les légendes servaient à transmettre les enseignements de génération en génération. Voici une légende que j'ai apprise au sujet de l'esprit et du don de l'amour :

Lorsque le Créateur créa la Terre, seuls les animaux s'y trouvaient. Le Créateur dit aux animaux : « J'ai le don de l'amour. Que devrais-je en faire? ». L'ours, qui est grand et fort, lui répondit : « Donne-le-moi et je le cacherai dans ma grotte. »

Le Créateur répliqua : « Mais quand tu partiras, quelqu'un viendra, le prendra et en fera mauvais usage. » Puis, l'aigle, qui volait très haut, lui dit : « Donne-le-moi et je m'envolerai jusqu'au plus haut sommet de la montagne et là, je le cacherai. » Le Créateur dit alors : « Mais lorsque tu partiras, quelqu'un viendra, le prendra et en fera mauvais usage. » Le castor dit alors : « Donne-le-moi. Je descendrai à la nage jusqu'au fond du lac le plus profond et là, je le cacherai ».

Le Créateur répondit : « Mais lorsque tu partiras et que tu ne seras plus en train de le protéger, quelqu'un viendra, le prendra et en fera mauvais usage. »

La tortue, qui est très lente mais sage, lui dit : « Place-le dans le cœur de tous les hommes et seuls les bons sauront le trouver. »

Chacun de nous possède cette tendresse dans son cœur. En tant que parent, il faut rappeler à nos enfants qu'ils ont, eux aussi, reçu ce don de l'amour.

Lorsque j'ai demandé à mon fils Robbie ce que signifiait la spiritualité pour lui, il a écrit ce qui suit :

La spiritualité………………… C'est notre force vitale, notre énergie. L'esprit, c'est ce qui nous oriente, nous pousse et nous dirige dans la vie. L'esprit, c'est ce qu'on ressent durant les moments de joie, de béatitude et d'enthousiasme. C'est ce qui nous donne cet amour profond pour soi-même et pour les autres.

L'esprit fait briller la flamme dans nos yeux et nous donne la capacité d'illuminer notre entourage et les gens qui peuvent s'y trouver.

Tous ces coups de pouce intuitifs nous poussent à agir sur nos pensées inspiratrices, à faire entendre notre voix, au besoin. C'est aussi le fait d'accepter l'invitation de rédiger ce livre lorsqu'une personne chère m'a invité à le faire : tout vient de l'esprit. C'est ce qui nous libère et fait ressortir le meilleur de nous-même. L'esprit, c'est la base de notre propre vaisseau. C'est notre point d'accès à tout ce qui est vérité et amour.

Si vous lui permettez d'avoir une voix et de le laisser vous guider, de transformer le monde que vous percevez et de faire passer votre conscience vers la simplicité et le soi authentique, vous saurez exactement qui vous êtes et ce qui vous caractérise.

L'esprit ne connait ni la vengeance, ni la haine. Il ne condamne pas les méchants et n'est pas centré sur lui-même. Il ne cherche pas à tromper dans cette vie, ce merveilleux cadeau, et il ne nous dit pas de nous fâcher ou de mentir.

L'enfant en nous, notre esprit, notre point d'accès à la vérité, sait profiter pleinement de la vie. Il sait quels choix nous devons faire pour mener une vie enrichissante. Vivre en harmonie avec son esprit mène à une vie remplie de surprises et d'émerveillements et cela de façon profonde et dans les endroits les plus ordinaires. -- Robert Couchie

## Le partage plutôt que la concurrence

Le mode de vie des peuples autochtones repose sur la collaboration et non sur la concurrence. On m'a raconté l'histoire d'une tribu qui partageait tout. Les grands chasseurs allaient faire la chasse et rapportaient tout à la communauté pour le partager avec les personnes très âgées, les jeunes et les malades.

Un jour, le meilleur chasseur dit : « C'est moi qui ai abattu le plus d'animaux pendant cette chasse. Pourquoi n'aurais-je pas une plus grande part du butin? Vous êtes tous d'accord que c'est moi le chasseur le plus habile. »

Au fil des ans, les chasseurs de cette communauté ont commencé à enseigner à leurs enfants que seules les personnes les plus fortes survivraient. Peu de temps après, les personnes très âgées, les jeunes enfants et les malades ont commencé à mourir. De nos jours, un grand nombre de nos communautés fonctionnent de cette façon.

## Le rôle des femmes dans la société

Pour les peuples autochtones, notre lien principal était avec la terre. Nous appelons la terre « notre mère ». Notre mère nous offrait tout ce dont nous avions besoin pour survivre. On devait protéger la terre, et non se l'approprier et la polluer. On m'a toujours appris à respecter ma mère. C'est elle qui m'a donné la vie.

La terre, notre mère, est sacrée pour nous. Les femmes de nos communautés sont aussi nos mères et elles sont sacrées. Historiquement, les femmes étaient les patrônnes de nos communautés et les hommes étaient les dirigeants.

En temps de guerre, les hommes menaient les combats. Lorsque les communautés se faisaient attaquer, les hommes prenaient les devants pour protéger les femmes contre tout méfait. Les femmes demeuraient dans les communautés pour s'occuper des personnes très âgées, des jeunes et des malades.

Les femmes prenaient toutes les décisions importantes dans la communauté. Dans ma communauté de Nipissing, les femmes étaient les personnes qui assuraient le rapprochement des communautés. Dans les années 60, ce sont les femmes qui ont créé le Club des ménagères et ont commencé à rapprocher les membres de la communauté à des fins de guérison. Aujourd'hui, il est tellement dommage de voir que nous avons le centre *Ojibway Women's Lodge,* un refuge pour femmes et enfants, qui sert à les protéger des hommes de nos communautés.

## L'importance des liens

On m'a appris que dans la vie, plus on a de liens avec les gens, plus on est heureux. Plus on a des liens avec sa famille, ses frères, ses sœurs et ses parents, plus on est en santé et heureux. Plus on a d'amis, plus on est en santé et heureux. Plus on a des liens avec sa communauté, plus on est en santé et heureux.

Nous avons été coupés de notre culture, de notre famille et de nos communautés. Nous devons rétablir ces liens. Nous devons nous rapprocher de nos enfants. Des jeunes qui n'ont aucun lien établiront des liens avec autre chose. Ils pourraient établir des liens avec d'autres jeunes impliqués dans la drogue ou d'autres activités criminelles.

## Les sept enseignements sacrés

Les sept enseignements sacrés sont **l'amour, le respect, la bravoure, l'honnêteté, la sagesse, la vérité et l'humilité.** Avec ces enseignements, nous devons marcher de la **Porte de l'est** à la **Porte de l'ouest.** Ce ne sont pas des enseignements qui parlent d'émotions. Ce sont des enseignements qui nous amènent à faire des choix.

Par exemple, j'ai entendu   certaines personnes dire  qu'elles sont incapables d'aimer parce  qu'elles n'ont jamais  elles-mêmes été aimées. Or, les sept enseignements sacrés portent sur les choix que l'on fait dans la vie. Lorsque je m'adresse aux jeunes, je leur rappelle que la vie est faite de choix.

Dans cinq ans, on ne peut pas blâmer les autres pour ses circonstances de vie. Celles-ci résultent des choix que l'on a faits. Je dis aux jeunes que plus ils adhèrent à ces enseignements, plus la vie sera généreuse envers eux. Si l'on est respectueux, on sera traité avec respect. Si on est une personne aimante, on sera aimé. On doit s'arrêter de temps à autre, quand on fait des choix, pour se demander lequel des sept enseignements sacrés est reflété dans ces choix.

L'histoire « Les deux loups » souligne l'importance des sept enseignements sacrés et illustre ce qui se produit lorsqu'on ne les respecte pas :

## Les deux loups

On dit qu'à l'intérieur de chaque personne se trouvent deux loups. Un des loups représente **la bravoure, l'honnêteté, la sagesse, la vérité, l'humilité, l'amour et le respect.** L'autre loup représente la colère, la jalousie, le regret, la rancune, la haine, la culpabilité et l'anxiété. Le loup que l'on nourrit dans la vie est celui qui sera maître de notre foyer.

J'ai demandé à certaines personnes ce que signifient les sept enseignements ancestraux pour eux. Voici ce qu'ils m'ont répondu :

## L'humilité

**L'humilité** signifie écouter et entendre avec son cœur. Cela veut dire de ne jamais se voir comme étant meilleur que les autres. Cela signifie faire des actes de bonté sans avoir besoin de reconnaissance.

**L'humilité** commence par une écoute sincère en compagnie de ceux qui *ont un grand vécu, qui connaissent les enseignements et qui font preuve de sagesse.* Les plus beaux cadeaux qu'ils puissent nous donner, c'est leur *compassion,* leur *pardon et* leur *pouvoir de guérison.* Je serai comblé en sachant quand je dois être humble.

**L'humilité**, c'est savoir reconnaître que la moindre de toutes les créatures est celle qui a le plus à nous enseigner. C'est de ne jamais croire que nous sommes au-dessus de tout apprentissage, de ne jamais croire que nous avons fini d'apprendre. L'humilité signifie faire de bonnes actions sans s'attendre à une récompense ou une reconnaissance. Elle signifie être humble dans son travail quotidien, sans se vanter ou avoir une attitude de fanfaron.

**L'humilité** signifie d'être respectueux et conscient des autres dans la création. Être humble signifie d'être reconnaissant pour le quotidien et valoriser tous les petits enseignements que nous tenons habituellement pour acquis. L'humilité est un don qui ne demande rien en retour.

# Le respect

**Le respect** signifie de pouvoir apprécier les divergences d'opinion, de croyances et de points de vue.

**Le respect** signifie de tenir en haute estime et considération les sentiments d'autrui et respecter les autres en tant que personne, peu importe leur situation de vie. Cet enseignement consiste à respecter toute vie. Toute vie est sacrée.

**Le respect**, c'est laisser parler son cœur. Notre cœur guide nos pensées, nos paroles et nos gestes. Le respect est souvent considéré à tort comme la peur. Il y a des gens qui croient que s'ils sont craints, ils sont respectés. Ce n'est pas le cas! Ces personnes sont perçues comme étant des brutes.

Le respect consiste à traiter les gens de manière à ce que lorsque vous n'êtes plus en leur présence, ils sont heureux d'avoir fait votre connaissance. Il s'agit de traiter les gens en égaux et de leur faire preuve de la même bienveillance et gentillesse que vous aimeriez qu'ils vous manifestent envers vous.

**Le respect**, c'est ce qu'on doit mériter le long de son parcours de vie et l'estime accordé à ceux qui croisent son chemin, et ce, sans égard à leur situation sociale. C'est la façon que l'on traite les dons que le Créateur a choisi de nous donner. Il s'agit de la façon dont on choisit de traiter tout être vivant que le Créateur a mis sur notre chemin. En dernier lieu, c'est la façon dont on traite notre Terre Mère.

## L'amour

L'amour, c'est *la tendresse et la gentillesse* que l'on manifeste envers tout ce qui se trouve autour de soi. On doit s'aimer soi-même et aimer la création entière. L'amour, c'est la confiance, l'honnêteté, le respect et la communication ouverte.

**L'amour** est le lien humain. Notre premier amour débute dès le moment où l'on entend la voix de notre mère. Il s'agit de s'aimer soi-même et d'aimer son entourage. Il s'agit d'aimer sans réserve. L'amour est patient et l'amour est gentil.

**L'amour** n'envie pas. Il ne se vante pas et il n'est pas fier. Il ne déshonore pas les autres.

**L'amour** n'est pas fondé sur l'intérêt personnel. Il ne se met pas facilement en colère et ne garde pas rancune. L'amour ne se réjouit pas de la présence du mal, mais se réjouit devant la *vérité*. Il est toujours protecteur, il fait toujours *confiance*, il a toujours *espoir* et il fait toujours preuve de persévérance.

## La vérité

Cet enseignement consiste à être intègre envers soi-même dans tout ce que l'on accomplit, en n'essayant pas de se faire passer pour quelqu'un d'autre.

**La vérité** signifie posséder le savoir et la sagesse d'être honnête envers soi-même avant d'adresser la parole aux autres. Cet enseignement consiste aussi à être honnête envers les autres. L'accent est mis sur l'intégrité.

**La vérité** signifie que notre voix et notre image intérieures sont celles que nous projetons à l'extérieur. La vérité, c'est ce qui nous libère… nous n'avons plus besoin de prétendre devant les autres. Nous pouvons vraiment être nous-mêmes et nous pouvons cheminer avec notre propre esprit. La vérité est la façon dont on le fait.

## L'honnêteté

Cet enseignement parle d'authenticité. Il s'agit d'être une personne *fiable*, *juste* et *sincère* qui fait preuve de *droiture.* Il s'agit d'être fidèle à soi-même et honnête avec les autres.

Dites toujours la vérité. De cette façon, vous ne serez jamais attrapé à mentir. Vous pourrez ainsi vivre une bonne vie, sans nuage noir au-dessus de la tête et, bien entendu, la vérité vous libérera. L'honnêteté est la façon dont on parle.

## La bravoure

**La bravoure**, c'est d'être capable de se défendre soi-même, de défendre les autres, de défendre la terre ainsi que ses propres croyances. Il s'agit de protéger quelqu'un, y compris soi-même, ou quelque chose, même au détriment de son propre bien-être.

La **bravoure,** c'est la capacité d'agir correctement même face à l'adversité. Il s'agit d'avoir la volonté de sacrifier ou de mettre en péril son propre bien-être pour le bien-être d'autrui et du bien commun. La bravoure consiste à poser des gestes d'altruisme.

**La bravoure** signifie affronter ses peurs, celles qui écrasent son esprit. Il s'agit d'être suffisamment courageux pour agir correctement et défendre ses croyances, y compris son propre bonheur.

Pour avoir de la **bravoure**, on doit pouvoir contrôler la peur. La peur est dans l'esprit. Votre esprit doit vous diriger sur un chemin honorable. La bravoure consiste à relever des défis, à protéger les faibles et à parler au nom de ceux qui ne peuvent s'exprimer par eux-mêmes.

### La sagesse

**La sagesse** est le fruit de l'expérience. Elle est le résultat d'un ensemble de leçons apprises tout au long de sa vie.

**La sagesse** est liée au savoir et elle exige une ouverture d'esprit. Une personne sage est une personne qui applique et partage ses connaissances d'une manière positive et saine. La sagesse n'est pas en fonction de l'âge.

**La sagesse,** c'est posséder les connaissances qui permettent de prendre de bonnes décisions ou de faire de bons choix avec objectivité. Il s'agit de savoir comment aider les gens à trouver une solution à leurs problèmes! Il ne s'agit pas nécessairement de leur fournir directement la solution.

**La sagesse** peut vouloir dire leur enseigner à trouver leurs propres solutions. **La sagesse est le fruit de l'expérience.** Lorsque l'on partage ses expériences avec une autre personne et *que cela lui enseigne quelque chose, on partage sa propre sagesse avec cette personne.*

**La sagesse,** c'est d'être capable de distinguer et de voir au CŒUR même des choses. La sagesse nous indique quand parler, quand agir et surtout, quand il est temps de ne pas parler ou d'agir. La sagesse est un enseignement qui peut aller au-delà des paroles.

## L'importance de la tortue

Certains disent que l'Amérique du Nord est en forme de tortue. Lorsque l'Amérique du Nord était recouverte de glace et d'eau, cette grande tortue a proposé au Créateur que le peuple anishinabe vive sur son dos.

Le rat musqué a nagé au plus profond du lac, y a trouvé de la boue et l'a déposée sur le dos de la tortue. On y a mis des graines et la vie a commencé. Vous avez peut-être déjà entendu certaines personnes appeler l'Amérique du Nord « l'île de la Tortue ». La tortue est un symbole de l'Amérique du Nord. Le symbolisme occupe une grande partie de la vie des Autochtones.

Le dos de la tortue servait également de calendrier au peuple anishinabe. Au cinéma, vous avez peut-être entendu les Indiens parler du temps en termes de « lunes ». Les peuples autochtones utilisaient le calendrier lunaire, composé de 13 lunes. On retrouve 13 écailles sur le dos d'une grande tortue serpentine. Chacune représente une des 13 lunes de l'année lunaire.

Sur le dos d'une tortue, chaque écaille raconte une histoire différente, associée à une lune différente ou à une saison de l'année. Chaque culture autochtone possède ses propres croyances et ses propres histoires quant à la signification de chacune des écailles.

Par exemple, dans ma culture, on m'a raconté l'histoire de la *lune des sucres*. C'est l'époque de l'année où les arbres nous donnent leur sucre. Dans ma région, les sucres des érables, des bouleaux et des cèdres coulent au mois de mars.

Une autre lune est appelée la *lune de la fraise*. La fraise est le premier fruit de l'année. La fraise est en forme de cœur et représente le cœur dans ma culture. Le rouge de l'amour et du sang. En fait, nous appelons parfois la fraise *la baie du cœur*. La lune de la fraise a lieu plus tard au printemps (vers le mois de juin).

Tout autour des 13 écailles de la carapace de la tortue serpentine, il y a 28 dentelures. Ces bosses représentent approximativement le nombre de jours entre chaque pleine lune. Lorsque les peuples autochtones célébraient la pleine lune, ils suivaient les dentelures (une par jour) et après les avoir toutes comptées, c'était la prochaine pleine lune.

La queue de la tortue représente le passé... nos origines. Il arrive que nous vivions trop dans le passé. J'appelle cela la « dépression ». Le cou de la tortue nous fait penser à l'avenir... là où nous nous dirigeons. Vivre trop dans l'avenir s'appelle « l'anxiété ». La carapace de la tortue représente le présent et c'est là que nous devrions vivre notre vie.

## Les bourses sacrées

Une bourse sacrée peut renfermer une variété d'articles sacrés. Par exemple, un sac sacré peut contenir un caillou ou une petite quantité de tabac. La bourse peut aussi contenir des remèdes, un caillou, un tambour, les « *quatre couleurs*» , une plume, un hochet ou une pipe.

Ces articles sacrés nous rappellent notre lien à la terre et la beauté de la création. Parfois, les gens portent leurs articles sacrés autour du cou. Lorsque mon frère Mike a commencé à me faire découvrir ma culture, il m'a dit qu'un article sacré ne devrait jamais être porté par une personne qui vient de consommer de l'alcool ou de la drogue.

La bourse sacrée nous rappelle notre lien à la terre et la beauté de la création. Il est important de respecter et d'honorer les articles sacrés et les bourses sacrées.

Certaines personnes étalent leurs articles sacrés sur une grande couverture. D'autres les conservent dans une bourse jusqu'à ce qu'elles soient prêtes à les utiliser. Il est important de toujours demander la permission avant de toucher aux articles sacrés d'une personne ou de les prendre en photo. Certains articles utilisés à des fins cérémoniales sont strictement réservés aux hommes et d'autres aux femmes.

## Le tambour

Lorsque j'étais jeune homme, dans les années 60, les gens disaient que les Autochtones n'étaient que des ivrognes, qu'ils étaient paresseux et non éduqués. J'ai commencé à croire ce que les gens disaient à notre égard. J'avais honte de qui j'étais et de l'endroit où je vivais.

Dans les vieux westerns, les Indiens étaient toujours les méchants et les ennemis. Dans ces films, les Indiens jouaient toujours de leur tambour de guerre. Ils dansaient autour de ce tambour. Leur ombre était projetée sur les rochers à la lumière d'un grand feu derrière eux. C'était des Mexicains et des Italiens qui jouaient ces rôles. On n'embauchait pas des Autochtones pour jouer des personnages autochtones.

En tant que jeune enfant, je m'identifiais aux « bons » lorsque je visionnais ces films. Je parlais à mon téléviseur et je disais aux Indiens qu'ils étaient mieux de cesser de battre leur tambour de guerre avant la fin des annonces publicitaires, sinon John Wayne leur « botterait le cul ». Bien entendu, la cavalerie arrivait toujours à temps pour sauver la situation.

Ce n'est que dans ma trentaine que j'ai commencé à réellement apprendre qui j'étais. C'est à ce moment que j'ai appris que le tambour n'était aucunement lié à la guerre, aux massacres, à l'intimidation ou à la politique.

**J'ai appris que le son du tambour représente le battement du cœur de la mère.** On entend le son du tambour dans l'obscurité du ventre de notre mère durant les neuf premiers mois de notre vie.

Lorsque ma petite-fille Lilly était âgée de huit mois, elle a assisté à son premier pow-wow au Centre d'amitié autochtone de North Bay. Quand le rythme du grand tambour a commencé à se faire entendre au début du pow-wow, Lilly s'est rapidement endormie dans son porte-bébé. Elle est restée endormie pendant quelques heures et pendant qu'elle dormait, l'une des aînées a affirmé qu'elle dormait ainsi, car le rythme du tambour lui rappelait le temps où elle était dans le ventre de sa mère.

Le tambour nous vient des femmes de la communauté. Avec la base d'un arbre, elles fabriquaient le cadre du tambour et une peau de chevreuil servait de membrane. Il y a longtemps, lorsque les Sioux et les Ojibwés étaient en guerre, les femmes ont demandé aux hommes d'échanger leurs armes contre des baguettes de tambour et de prendre place au grand tambour pour y chanter des chansons au sujet de la vie.

Pendant un pow-wow, on voit les hommes assis autour du tambour, épaule à épaule, égal à égal. Les femmes se tiennent debout derrière les hommes qui jouent du tambour et elles chantent avec eux. Je dis toujours que les femmes se tiennent debout derrière les hommes pour éviter qu'ils gâchent tout, encore une fois.

Dans ma communauté, si vous voyez un homme en train de marcher avec détermination, vous devriez vérifier ce qu'il a dans la poche. C'est probablement parce qu'il y a une note de sa femme pour lui dire quoi faire de sa journée.

J'ai appris que le tambour n'a rien à voir avec la guerre, mais tout à voir avec la vie. Maintenant, j'enseigne aux jeunes hommes à fabriquer leur propre tambour à main.

Dans ma communauté, le tambour est habituellement fabriqué d'une peau d'orignal, de chevreuil, de bison ou de wapiti. Dans le Midwest américain, le tambour est souvent fabriqué d'une peau de cheval. Lorsque les jeunes hommes ont terminé de fabriquer leur tambour, je leur demande de s'engager à ne jamais maltraiter, tourmenter ou frapper les femmes, car ce sont elles qui donnent la vie.

## Le hochet

Le hochet représente le premier son émis lors de la création.
Ce son fut créé avant le son du tambour. Lorsque les gens
utilisent leur hochet et qu'ils chantent, ils font appel aux
esprits. Il y a différents types de hochets. Certains sont
fabriqués de cuir tandis que d'autres sont fabriqués avec de
la corne de bison ou de bovins.

## La plume d'aigle et les cailloux

Dans la culture anishinabe, on dit que l'aigle est l'oiseau qui vole le plus près du Créateur. Sur ses ailes, l'aigle mène nos pensées et nos prières vers le Créateur et nous ramène les pensées et les prières du Créateur.

C'est un honneur que de recevoir une plume d'aigle, car elle signifie que l'on a accompli quelque chose de remarquable. Lorsque l'on porte une plume sur soi, elle aide à parler avec *intégrité, avec force et honnêteté* et elle nous aide à demeurer *équilibrés.*

On m'a appris que la tige de la plume d'aigle représente le chemin de vie qu'on est censé suivre. Au cours de la vie, on s'écarte parfois de son chemin. Je dis aux jeunes que peu importe à quel point les choses peuvent mal tourner dans la vie, il est toujours possible de retrouver son chemin.

*Il y a des gens qui peuvent nous aider à retrouver notre chemin.* Il peut s'agir d'un ami, d'une enseignante, d'un frère ou d'une sœur, d'un policier, d'un aîné, de votre mère ou de votre père. Il suffit de demander de l'aide. Parfois, lorsqu'on s'écarte de son chemin, on peut éprouver des sentiments de honte, de colère ou de ressentiment (envers soi-même ou les autres) le reste de sa vie. On doit apprendre à se libérer de ces sentiments.

Quand on porte le poids d'une offense faite envers nous il y a vingt-cinq ans, c'est beaucoup plus lourd que ce qui a été fait au départ. On raconte l'histoire d'un vieillard qui marchait le long d'un chemin de terre en cueillant des cailloux qu'il mettait dans son sac à dos. Plus il avançait le long du chemin, plus son sac à dos devenait lourd, au point où il n'arrivait plus à avancer. Il a dû poser son sac à dos par terre pour être capable de poursuivre son chemin.

C'est une belle histoire de *pardon* et sur le fait de pouvoir *lâcher prise.* J'explique aux parents que parfois leurs enfants s'écarteront de leur chemin. Peu importe à quel point les choses peuvent mal tourner, ils doivent toujours appuyer leurs enfants. Un jour ou l'autre, leurs enfants retrouveront leur chemin et ils se souviendront de l'appui qu'ils ont reçu de leurs parents pendant les moments difficiles.

On ne porte pas tous une plume d'aigle sur soi. Parfois, on se sert de ses mains. Lorsqu'on rencontre un ami, on lui serre la main. Les quatre doigts d'une main représentent le *partage, la bienveillance, la gentillesse et le respect.* Lorsque je serre la main d'un bon ami, je lui transmets ces enseignements et il me transmet ses enseignements en retour. Tout cela se produit au cours d'une simple poignée de main.

De la même façon, dans nos communautés, on fait l'accolade du côté gauche, de sorte à ce que nos cœurs se touchent pour ne former qu'un seul cœur.

La main peut aussi servir de plume d'aigle. Comme mon père l'a dit autrefois, « une petite tape dans le dos et un coup de pied aux fesses sont donnés de la même distance ». La différence, c'est le type de livraison du message

On peut faire toute une différence dans la vie, quand on se sert de ses mains judicieusement.

Il y a quelques années, après la crise d'Oka, Jim, un de mes bons amis, a reçu une plume d'aigle de la communauté. Il a apporté sa plume d'aigle à un encadreur et lui a demandé de fabriquer un cadre pour sa plume d'aigle. L'encadreur lui a demandé ce que la plume d'aigle signifiait pour lui. Mon ami Jim lui a expliqué que la plume l'aidait à parcourir son chemin avec *intégrité, force et honnêteté.*

L'encadreur lui a dit qu'il lui faudrait quelques semaines pour fabriquer ce cadre. Jim lui a dit qu'il partait en voyage et qu'à son retour, il viendrait prendre sa plume d'aigle. Pendant que Jim était en vacances, il a aperçu un petit caillou rond en marchant sur la plage. Certains disent que les cailloux nous parlent, qu'on les cueille pour une raison. Lorsque mon fils Robbie était un petit garçon, il cueillait des cailloux et les gardait dans sa commode. Mes petites-filles Gracie et Lilly cueillent aussi des cailloux et elles me les apportent.

On dit que les cailloux nous parlent; pas comme « Hé! l'idiot, viens me chercher! », mais il y a une raison pour laquelle on les cueille.

Lorsque Jim est retourné prendre sa plume d'aigle, l'encadreur a demandé à lui parler à l'arrière du magasin. Il dit alors à Jim qu'il avait terminé le cadre. Il voulait aussi dire à Jim que depuis que la plume d'aigle était dans son magasin, il n'avait pas pris un verre.

Il s'est avéré que c'était la première fois en trente ans qu'il était sobre aussi longtemps que deux semaines. Il avoua que chaque matin, en entrant dans son magasin, la plume croisait son regard et lui rappelait les mots *intégrité, force et honnêteté*.

Il lui dit qu'il aurait aimé posséder quelque chose comme cette plume d'aigle. Jim mit alors sa main dans sa poche et en sortit le petit caillou rond qu'il avait trouvé sur la plage, puis il lui remit en disant :

« La prochaine fois que tu décides de boire, prends le caillou et place-le sur la table à côté de ton verre d'alcool. Lorsque tu auras fini de boire, prends le caillou et lance-le aussi loin que possible. Le lendemain, à ton réveil, essaie de le retrouver, parce que c'est ce que tu as fait de ta vie. »

Quelques années plus tard, Jim est retourné voir l'encadreur pour autre chose. Lorsqu'il est entré dans le magasin, l'encadreur l'a reconnu et lui a dit : « Tu es l'homme qui m'a donné le caillou. Je l'ai encore et je n'ai toujours rien bu depuis. »

Parfois dans la vie, on porte sur nous des cailloux qui nous aident à rétablir des liens avec ce qui est réellement important : nos liens avec notre mère, nos fils et nos filles, ainsi qu'avec la Terre Mère. Ou bien, on porte sur soi une petite photo dans un médaillon dans son portefeuille ou dans son sac à main. Lorsqu'on vit des moments difficiles, la photo aide à rétablir des liens et à se rappeler ce qui compte vraiment.

## Les enseignements de la roue de médecine

Le *cercle* a plusieurs significations pour les peuples autochtones. Lorsque nous regardons dans le ciel, nous voyons le soleil. Nous l'appelons *Grand-Père Soleil*. Nous appelons la Lune *Grand-Mère Lune*. Nous appelons la *Terre Mère*. Le cercle représente le soleil, la lune et la terre.

Les oiseaux construisent leur nid en forme de cercle. Nous tenons nos bébés en les encerclant de nos bras. À la mort, nous sommes remis entre les bras de la Terre Mère. Dans nos enseignements, ce qui est puissant prend la forme d'un cercle : la tornade, l'ouragan, le vent et l'eau. Dans nos cérémonies, tout se déroule en forme de cercle. Les *pow-wow*, les *huttes de sudation* et les *cercles de guérison* sont toutes des cérémonies comportant des cercles.

On nous apprend à toujours entrer dans un cercle de cérémonie par la Porte de l'est. L'est revêt une signification spéciale. Lorsqu'on se réveille le matin, on regarde du côté du soleil levant. On a remarqué que certaines plantes suivent Grand-Père Soleil alors qu'il traverse le ciel.

Lorsque le soleil se lève le matin, c'est un rappel que peut-être que demain ne viendra pas. Chaque nouveau jour est une célébration de la vie, car on ne sait jamais quand la vie prendra fin. Mon amie Jan parlait de la retraite avec son époux et elle planifiait voyager à travers le monde. Moins d'un an après sa retraite, son époux est devenu malade un dimanche et il est décédé le mercredi suivant.

Tout comme le soleil se lève à l'est au début de la journée, il se couche à l'ouest à la fin de votre journée. Notre chemin commence dans l'est. Lorsque les Anishnabe entrent dans un cercle cérémonial, ils passent par la Porte de l'est. Dans notre cercle, nous nous déplaçons dans le même sens que les aiguilles d'une horloge, en passant toujours par le Porte de l'ouest pour en sortir.

Le Créateur a pris une étincelle et il l'a placée dans le ciel pour réchauffer la Terre Mère. Il a ensuite pris une étincelle et il l'a placée au centre de la Terre Mère pour réchauffer la terre. Il a ensuite pris une autre étincelle et il l'a placée dans tous les êtres humains. Cette étincelle a la possibilité d'être aussi lumineuse que nous lui permettrons de l'être. Lorsque cette étincelle est à l'intérieur de notre mère, il y a une explosion d'énergie et la vie commence.

Avec notre premier battement de cœur, notre chemin commence. Notre travail dans la vie, c'est de se rendre de la Porte de l'est à la Porte de l'ouest. La vie n'est pas une destination. C'est un parcours. Ce n'est pas une course pour atteindre la Porte de l'ouest. Je n'ai jamais entendu quelqu'un dire à des funérailles « Voici Jean, il est décédé à l'âge de trente-deux. Il est le plus jeune à mourir dans notre communauté, alors, essayons de battre son record. »

Aussi, je n'ai jamais vu un corbillard remorquer un U-Haul. Vous ne pouvez pas passer par la Porte de l'ouest avec des biens matériels, peu importe leur importance à vos yeux.

Souvenez-vous que notre seul but dans la vie, c'est d'être heureux. Chaque jour est une célébration de la vie.

La roue de médecine est aussi un cercle. Elle est divisée en quatre sections : *l'est, le sud, l'ouest et le nord*. Chacune des sections renferme des enseignements destinés à nous aider dans la vie. Les enseignements de la roue de médecine existent depuis des siècles.

La roue de médecine représente *l'harmonie avec la nature* et *renferme des enseignements* sur la façon dont on doit vivre sa vie. La roue de médecine est divisée en quatre parties égales.

Le *centre de la roue de médecine* représente la personne la plus importante : toi. Avant de pouvoir aider qui que ce soit, on doit d'abord s'occuper de soi-même. Si on est incapable de s'occuper de soi-même, on est incapable de s'occuper des êtres chers qui ont besoin d'aide.

La roue de médecine renferme de nombreux enseignements. En voici quelques-uns.

**Les quatre peuples d'origine :**

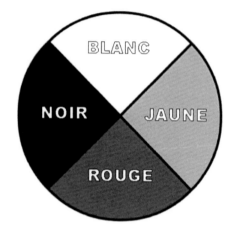

Les quatre couleurs de la roue de médecine sont le blanc, le jaune, le noir et le rouge. Chacune d'elles représente un des peuples d'origine, mis sur la Terre par le Créateur. Chaque regroupement a été envoyé dans sa propre direction pour découvrir ses chants, sa langue et son histoire. Aucune couleur ne devait être plus puissante que les autres. Elles devaient toutes être égales. De nos jours, nous invitons à nos pow-wow tous les peuples des quatre directions à venir danser et célébrer la vie. Chaque peuple, représenté par une couleur, apporte sa propre médecine au cercle de la vie.

**Notre parcours de vie :**

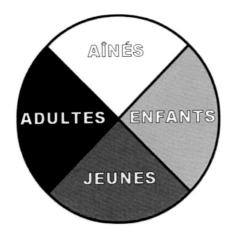

*Les quatre directions* représentent une étape de notre parcours de vie – les enfants à l'est, les jeunes au sud, les adultes à l'ouest et les aînés au nord. Chacune ajoute quelque chose au cercle de la vie et chacun y joue un rôle important.

Notre parcours commence du côté de la Porte de l'est, la section jaune du cercle de la vie. Dès que notre cœur commence à battre, il y a une explosion d'énergie. La vie commence et nous prenons ce premier souffle. Lorsque nous entrons par la Porte de l'est, nous y entrons en pleurant et nous faisons sourire les gens.

En passant par la Porte de l'ouest, nous sourions et nous faisons pleurer les autres; nous prenons notre dernier souffle et notre cœur bat une dernière fois. Ainsi est le cercle de la vie. Dès la naissance, notre travail consiste à faire sourire les autres. Lorsqu'un enfant vient au monde, on n'entend jamais quelqu'un dire : « Comme il est laid, ce bébé! ».

Les gens parlent habituellement de la beauté d'un bébé. Lorsqu'un père ou un grand-père prend un bébé dans ses bras la première fois, il devient chargé d'émotions. Les adultes font des sons mignons et chantent des chansons aux enfants. Lorsque je vais au centre d'achat avec mes petites-filles Gracie et Lilly, les gens sourient, car le travail des enfants dans la vie, c'est de faire sourire les gens. Ils sont là pour nous rappeler que dans la vie, ce qui compte, c'est d'être heureux.

Alors que nous entrons par la Porte du sud, la section rouge du cercle, nous sommes de jeunes adolescents. C'est la période de la vie pendant laquelle notre force et notre forme sont les meilleures. Cette période de la vie est aussi appelée les années de questionnement et d'émerveillement. Pendant cette période de la vie, notre rôle est d'aider nos grands-parents à pelleter la neige, à fendre et corder le bois et d'aider nos voisins à accomplir différentes tâches.

En arrivant à l'âge adulte, nous entrons dans la section noire du cercle. Notre responsabilité consiste maintenant à aider ces tout-petits qui entrent par la Porte de l'est. Nous les chérissons, les aimons, nous prenons soin d'eux et nous les aidons à suivre leur chemin de façon sécuritaire. Nous essayons d'élever nos enfants pour qu'ils deviennent de bons parents. Lorsque je parle à des policiers, je leur dis que lorsqu'ils rencontrent des jeunes dans leur communauté, ils doivent pourvoir regarder au-delà de ce qu'ils voient, car tout le monde a une histoire et contribue au cercle.

Lorsque nous rencontrons des jeunes, nous devons tenter de voir leur potentiel. Nous devons tenter de les voir, non pas tels qu'ils sont aujourd'hui, mais tels qu'ils pourraient être à l'avenir (médecins, enseignants, écrivains, policiers, etc.). Si chacun avait son guide d'emploi, on n'aurait pas besoin d'écouter son histoire, mais ce n'est pas le cas et tout le monde a une histoire à raconter.

La dernière section du cercle, là où se trouvent les aînés, est blanche. La tâche des aînés consiste à raconter leurs histoires et à partager leur sagesse. Lorsque je m'adresse aux jeunes, je leur demande toujours combien d'entre eux aiment écouter leurs aînés (ou grands-parents) parler du passé. Tous les enfants lèvent la main.

Ils adorent entendre les histoires de leurs parents qui devaient marcher pour se rendre à l'école, avec de la neige jusqu'au cou, ou qui allaient au magasin du coin avec une pièce de 25 cents pour s'acheter un sac de croustilles ou une boisson gazeuse. Parfois, on n'écoute nos aînés qu'après leur départ. On regrette alors de ne pas avoir passé plus de temps à les écouter parler de leur cheminement. Je dis toujours, c'est comme quand on se prépare à partir en vacances. On demande aux gens quels sont les meilleurs endroits à visiter et lesquels sont à éviter.

On demande combien d'argent apporter, quelle compagnie aérienne utiliser et quel est le meilleur temps de l'année pour visiter tel ou tel endroit. On devrait aussi poser ce type de questions à nos aînés. On devrait leur demander des conseils sur ce que nous devrions faire ou ne pas faire. On devrait leur demander leur avis. Tout le monde joue un rôle important dans le cercle de la vie et chacun d'entre nous y apporte quelque chose.

Lorsque je m'adressais aux nouvelles recrues de la police, je leur rappelais que leur cheminement commençait à la Porte de l'est et que dans 30 ans leur carrière prendrait fin. Je leur disais que leur carrière en tant que policier est très importante, mais que leur famille est encore plus importante. Dans 30 ans, à leur retraite, leur famille serait toujours là. Je leur rappelais de ne pas oublier de rester en contact avec leur famille lorsqu'ils n'étaient pas près de la maison.

## Les quatre herbes sacrées :

La roue de médecine représente également les quatre herbes sacrées que nous portons sur nous : *le tabac, le cèdre, le foin d'odeur et la sauge.*

## Le tabac

Le tabac est utilisé dans les offrandes. Lorsque les Anishinabek naviguaient les lacs et les rivières, ils déposaient du tabac sur le sol et demandaient au Créateur de s'occuper d'eux pendant leur voyage. Lorsqu'ils rencontraient un aîné ou lorsqu'ils avaient une question à lui poser, ils lui offraient du tabac en guise de respect.

Les Anishinabek croient que lorsque l'on met du tabac dans sa pipe ou dans un feu, le tabac mène nos pensées et nos prières vers le Créateur.

Dans ma communauté, lorsque nous avons des funérailles traditionnelles, un feu sacré brûle pendant quatre jours et quatre nuits. Un jour, lorsqu'un jeune homme de notre communauté s'était perdu, je me suis rendu au feu sacré pour y trouver son frère, ses parents et ses proches assis en forme de cercle et, à l'intérieur de ce cercle, il y avait un grand bol de tabac. En entrant le cercle, j'ai pris une poignée de tabac et je l'ai placé sur le feu pour qu'il mène mes pensées et mes prières vers le Créateur.

Mon peuple plaçait aussi du tabac par terre avant la chasse. On plaçait du tabac par terre pour remercier le Créateur de pouvoir chasser et lorsqu'on abattait un animal, on plaçait de nouveau du tabac par terre pour remercier le Créateur et pour remercier l'animal d'avoir donné sa vie. On offre toujours du tabac avant de prendre un remède ou quoi que ce soit qui nous vient de la Terre Mère.

Mon frère Mike m'a dit que lorsqu'on vit des moments difficiles dans la vie, la première chose à faire est de placer du tabac par terre et demander au Créateur de nous aider. Le tabac traditionnel vient toujours en premier, pour toute cérémonie ou offrande. Certaines communautés cultivent et utilisent encore le tabac traditionnel.

Certaines communautés mohawks cultivent elles-mêmes le tabac traditionnel. Je rappelle toujours à nos jeunes que le tabac est le seul remède qui peut se tourner contre nous si on ne l'utilise pas comme il se doit. Le tabac peut causer le cancer.

## Le cèdre

Le cèdre est un autre remède utilisé dans ma communauté. Les aînés nous rappellent qu'on devrait boire du thé de cèdre lorsqu'on est malade. Le thé de cèdre a une forte teneur en vitamine C. Dans ma communauté, nous mettons aussi du thé de cèdre sur les roches chaudes dans les huttes de sudation pour éliminer les bactéries dans l'air.

Lorsque les premiers Européens sont venus à l'île de la Tortue, ils ont été mortellement atteints du scorbut et de la dysenterie. On leur a donné du thé de cèdre et cela les a aidés à survivre à l'hiver très rigoureux. On baigne parfois le corps de ceux qui sont passés par la Porte de l'ouest dans un bain de cèdre pour les aider dans leur cheminement.

On utilise parfois le cèdre comme forme de protection durant un jeûne et lors de cérémonies dans les huttes de sudation. On place alors des branches de cèdre par terre dans la tente. On en place également par terre, en forme de cercle à l'extérieur d'un cercle de guérison. Le cèdre nous aide à parler de notre guérison et de notre énergie négative. Il nous procure un sentiment de sécurité.

## Le foin d'odeur

On dit que le foin d'odeur est la première plante qui a protégé la Terre Mère. C'est la chevelure de la Terre Mère. Il la gardait bien au chaud. Il y a longtemps, lorsque les peuples autochtones se déplaçaient, les lacs et les rivières leur servaient de route. Les gens arrêtaient de voyager lorsqu'ils pouvaient sentir du foin d'odeur, car ils savaient qu'il s'agissait alors d'un endroit sécuritaire où ils pouvaient s'installer.

Les femmes cueillaient et tressaient le foin d'odeur. La tresse est un symbole de force. Alors qu'un seul brin de foin d'odeur peut facilement se briser, quand il est tressé, il est beaucoup plus résistant. La douce odeur du foin d'odeur a un effet apaisant sur les gens. Lorsque les jeunes hommes tressent leurs cheveux, ils établissent un lien avec leur mère, leurs sœurs, leurs grands-mères et, bien entendu, la Terre Mère.

## La sauge

On utilise la sauge pour préparer les gens aux cérémonies et aux enseignements. Elle aide à éliminer l'énergie négative. Certains l'utilisent pour purifier leur maison et leurs articles sacrés. Nous l'appliquons sur nous pour nous purifier et nous aider à suivre la bonne voie.

## Les quatre parties de la journée :

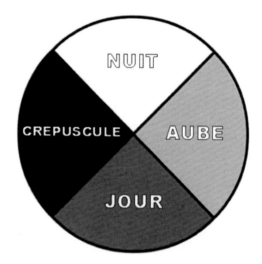

La roue de médecine sert aussi à représenter les quatre parties de la journée : *la nuit, l'aube, le jour et le crépuscule.* La roue de médecine nous enseigne qu'il est important de bien prendre soin de soi en ayant suffisamment de sommeil.

Lorsque je m'adresse aux agents de police, je leur dis de bien prendre soin d'eux-mêmes et de dormir suffisamment. Je leur explique que trop de stress peut nuire à leur sommeil et à la façon dont ils prennent soin d'eux-mêmes et de leur famille. Lorsqu'on manque de sommeil, notre pression artérielle augmente et on développe d'autres maladies.

## Les quatre saisons :

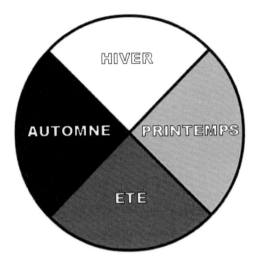

La roue de médecine inclut des enseignements au sujet des quatre saisons : *le printemps à l'est, l'été au sud, l'automne à l'ouest et l'hiver au nord.*

Traditionnellement, chaque changement de saison était célébré par un festin. On fumait la pipe pour remercier le Créateur de la nouvelle saison. Par exemple, lorsque les premiers coups de tonnerre se faisaient entendre en avril, on se rassemblait pour remercier le Créateur, car on savait que les eaux arrivaient pour purifier la terre et remplir les lacs et les rivières, les veines de la Terre Mère.

De même, au dégel, c'était le temps des semences et, une fois de plus, on remerciait le Créateur puisque l'été arrivait.

À l'automne, lorsque les feuilles se mettaient à tomber, on savait que c'était le temps des récoltes et on se rassemblait pour célébrer et partager les fruits de la terre tout en remerciant le Créateur.

La dernière célébration avait lieu lorsque la terre était couverte de neige. La neige protégeait les petites plantes et les animaux qui s'endormaient.  Alors que bien des gens connaissent l'Action de grâce moderne, avec la dinde et le football de la NFL, il existe réellement quatre Actions de grâce, une pour chaque saison!

## Les quatre éléments:

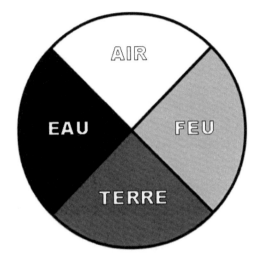

La roue de médecine anishinabe comporte aussi des enseignements au sujet des quatre éléments : *le feu à l'est, l'eau à l'ouest, l'air ou le vent au nord et la terre au sud.*

Selon les enseignements, les hommes sont responsables du feu et ils doivent s'assurer de ne jamais le laisser s'éteindre. Les femmes sont responsables de l'eau. L'eau est très importante. Dans le sein de la mère, on est entouré d'eau pour notre protection. L'eau quitte le corps de notre mère à notre naissance. L'eau sort de nos yeux quand nous sommes tristes et elle sort de notre peau lorsque nous sommes malades. Les femmes prennent très au sérieux leurs responsabilités à l'égard de l'eau.

**<u>Les quatre aspects d'une personne</u>** :

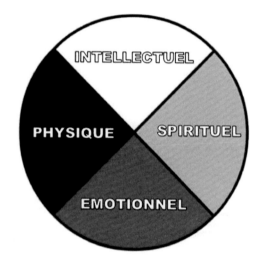

La roue de médecine nous enseigne les quatre aspects d'une personne : *l'aspect spirituel à l'est, l'aspect émotionnel au sud, l'aspect physique à l'ouest et l'aspect intellectuel au nord.* On dit que la spiritualité n'est pas une religion. La spiritualité traite de notre équilibre et de ce qui nous rend heureux dans la vie. De nos jours, les gens s'interrogent sur leur spiritualité. Rappelons-nous que notre seul travail dans la vie, c'est d'être heureux.

## L'aspect spirituel :

La Porte de l'est représente notre aspect spirituel. Cela inclut des choses qui nous rendent heureux, comme faire une randonnée dans la forêt ou observer les éclairs pendant un orage. La spiritualité inclut la *foi,* notre capacité de *rêver,* nos *idées* et nos *visions* ainsi que la capacité de *croire* en soi-même.

## L'aspect émotionnel :

L'aspect émotionnel est situé dans la section sud de la roue de médecine. Souvent, les hommes apprennent à cacher leurs émotions. Jeune garçon, mon père me disait : « T'as le goût de pleurer? Eh bien, je vais te donner une raison de pleurer, moi! ». D'autres disaient : « Les vrais hommes ne pleurent pas. »

Lorsque je m'adresse aux jeunes hommes et aux femmes de nos communautés, je leur dis le contraire, que pleurer, c'est une manifestation de force. Si on n'exprime pas ses émotions de façon positive, elles se manifesteront soit par la violence, soit par la dépression. Nous appuyons les gens lorsqu'ils expriment leurs émotions.

## L'aspect physique

La section ouest porte sur notre aspect physique. La roue de médecine nous enseigne l'importance de bien prendre soin de notre corps. Il faut bien prendre soin de soi-même et il ne s'agit pas que de faire 30 minutes de marche ou d'exercice par jour. Il faut savoir s'éloigner de la cuisine lorsqu'on a trop mangé et s'occuper de nos malaises et de  nos petites douleurs.

## L'aspect intellectuel :

La section nord de la roue de médecine nous rappelle de maintenir notre esprit alerte. La lecture est une bonne activité pour nourrir l'esprit. L'équilibre est tellement important. On doit bien prendre soin de soi-même au travail et dans sa vie familiale et il faut trouver cet équilibre. L'éducation est tellement importante dans nos communautés.

**Les quatre types de créatures :**

Les animaux qui rampent ou qui nagent se trouvent dans la section est. Les animaux volants sont dans la section sud. L'ouest représente les animaux à quatre pattes et enfin, les animaux à deux jambes sont représentés dans la section nord. Il n'y a qu'un seul animal qui provoque la destruction de la terre; il s'agit de l'animal à deux jambes. Parfois, nous devons nous rappeler que nous sommes ici pour nous occuper de la Terre Mère et pour protéger toutes ses créatures.

# Conclusion

Mon cheminement a commencé lorsque je suis retourné comme policier dans ma communauté de Nipissing. J'ai reçu des enseignements de mon meilleur ami Paul Trivett, de mon grand frère Mike et d'autres enseignants en cours de route.

Il n'est pas nécessaire d'être Anishinabe pour comprendre la culture et les traditions; il suffit d'avoir un cœur. Mon cheminement a commencé lorsque je me suis mis à écouter ces grands-mères et grands-pères et des gens qui ont du vécu. Les histoires de nos peuples portent en elles les *sept enseignements sacrés*. Chaque jour, le Créateur nous offre la possibilité d'en faire preuve dans notre vie et au cours de notre cheminement personnel. En partageant avec vous mes expériences personnelles, j'espère que ceci vous guidera sur votre propre chemin. Prenez le temps d'écouter et invitez ces gens à parler dans vos écoles et vos milieux de travail.

Je tiens à remercier Carolyn, mon épouse et amie, mes enfants Robbie, Sandi et Heather, ainsi que mes petites-filles Faith, Lilly et Gracie.

Je voudrais aussi exprimer toute ma gratitude à Molly Acton Rinaldo.